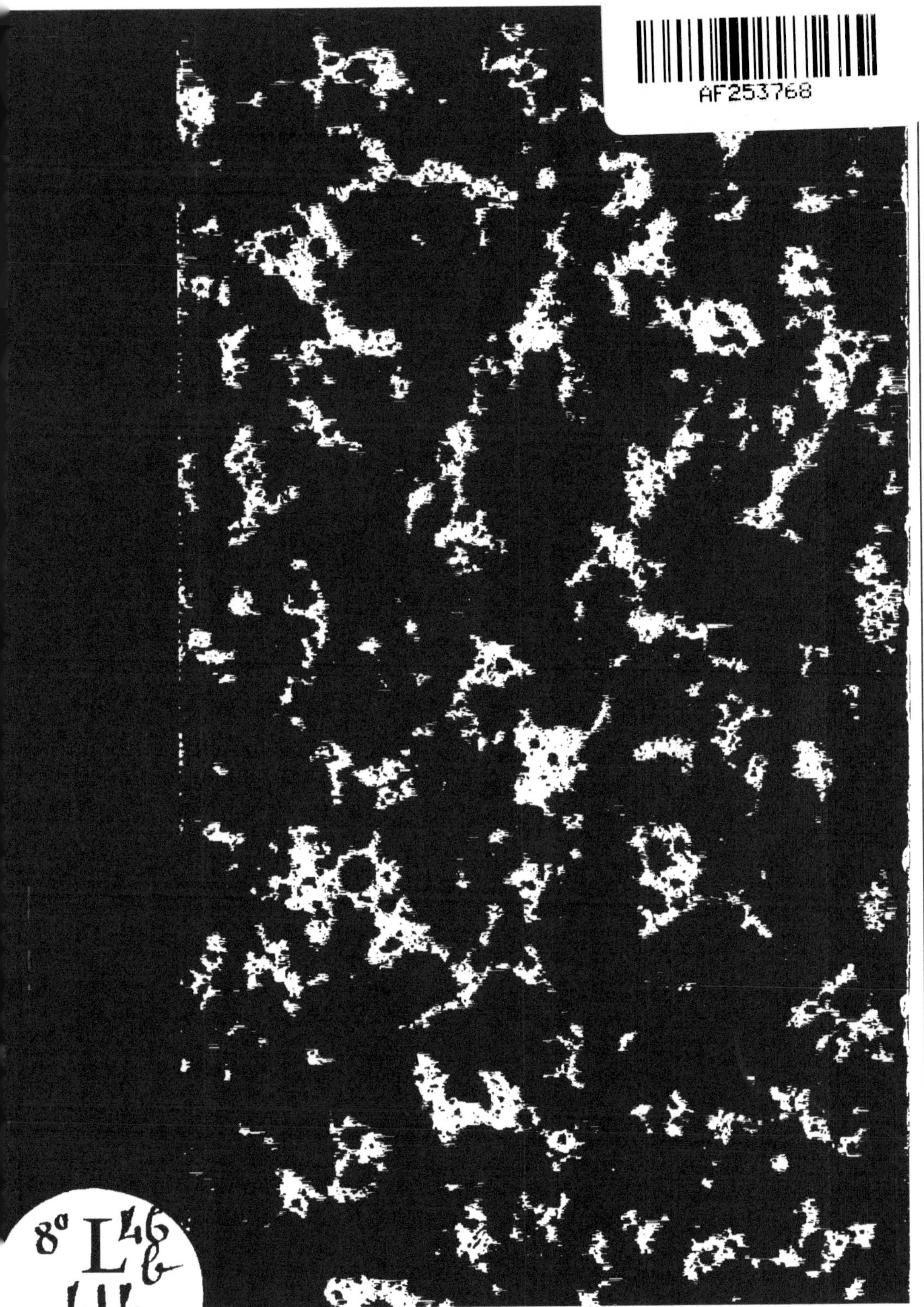

APERÇU

HISTORIQUE ET POLITIQUE

DES

FAUTES QUI ONT ÉTÉ COMMISES

DEPUIS

LA BATAILLE DE LEIPSIC

JUSQU'A

LA NOUVELLE RÉVOLUTION QUI VIENT DE S'OPÉRER ;

SUIVI D'ÉCLAIRCISSEMENS

SUR

LE PLAN DE BUONAPARTE

ET

DES CHEFS DU PARTI JACOBIN ;

AVEC UN EXPOSÉ FIDELE

DES OPINIONS QUI DOMINENT EN FRANCE.

———

PAR LE MARQUIS DE CHABANNES.

════════

LONDRES :

SE TROUVE CHEZ SCHULZE ET DEAN, IMPRIMEURS,

13, POLAND STREET, OXFORD STREET.

1815.

AVANT-PROPOS.

Les erreurs que je vois se répandre tous les jours, les ouvertures secrètes qui ont déjà été faites, les principes qu'on cherche à établir qu'un autre gouvernement en France pouvoit remplacer celui du Roi légitime, m'ont porté à tracer à la hâte cet écrit.

Puisse-t-il mériter de fixer un moment l'attention des Souverains, et contribuer à éclairer l'opinion publique.

APERÇU

HISTORIQUE et POLITIQUE.

&c. &c. &c.

———

Le deux Novembre 1813, Buonaparté, naguères le vainqueur de Lisbonne et de Moscou, repassoit le Rhin, poursuivi par des armées victorieuses, tout prestige détruit à son égard, et l'objet du mépris de son armée et de la haine générale. Sans canon sur aucun rempart, sans munition, sans argent, sans armée, la population de la France attendant l'ennemi comme ses libérateurs, il ne falloit que poursuivre la victoire, et avant le premier Décembre ce fléau du monde eût reçu la punition due à ses crimes.

Mais les vainqueurs, oubliant combien la marche rapide qu'il avoit suivie contr'eux après les batailles de Marengo, d'Ulm et surtout d'Iéna leur avoit été funeste à eux-mêmes, s'arrêtèrent tout-à-

B

coup sur le Rhin, et lui laissèrent le temps de préparer des moyens de défense. Ah, qu'ils furent mal informés alors des dispositions intérieures de la France et des ressources de Buonaparté ! S'il en eût une seule, s'il trompa encore quelques mois la France, c'est à l'idée que les souverains vouloient traiter avec lui qu'ils peuvent uniquement l'attribuer.

Au mois de Novembre et de Décembre l'effroi de toutes les calamités, dont la France étoit menacée, avoit terrifié tous les esprits, et avoit rappelé la mémoire des Bourbons. On se plaisoit à croire que les puissances alliées combattoient pour la cause des souverains légitimes, et dans les uns la crainte de plus grands maux, dans les autres l'espoir d'une amélioration à son sort, dans tous, le désir de la paix et le besoin de la tranquillité, tournoient tous les vœux vers le rétablissement du Roi légitime. L'illusion se plaisoit à placer les Princes à Basle, à Cologne, aux Pyrénées ; l'espoir vouloit les voir partout. On peut dire qu'alors l'impression étoit générale, et la moindre étincelle eût fait éclater dans toute la France un mouvement purement royaliste, si une proclamation, au nom du Roi, eût précédé les armées victorieuses.

Mais la funeste déclaration des alliés du premier Décembre vint tout-à-coup paralyser, dès sa naissance, l'élan royaliste qui se préparoit à éclater dans toute la France, et donna à Buonaparté un nouvel à-plomb qu'il n'auroit jamais repris sans elle.

Tout le monde sait les événemens qui suivirent les divers et sanglans combats qui eurent lieu, les négociations de Châtillon, etc. etc. etc.; mais peu de personnes ont connu et savent même aujourd'hui quelle fut la position réelle des alliés en Bourgogne et en Champagne au mois de Mars 1814.

A Tournay le Prince de Saxe étoit tenu en échec par les forteresses de la Flandre, et inquiété journellement par l'activité et les habiles manœuvres du général Maison. Son corps d'armée étoit au plus de 13 à 14,000 hommes, et il craignoit chaque jour de devoir se retirer. Il envoyoit courrier sur courrier au Prince de Suéde pour lui demander d'avancer à son secours.

A Liége le Prince de Suéde, que des soupçons sur son ambition personnelle, avoient écarté après la bataille de Leipsic, sous le prétexte du Dannemarc, n'avoit que 26,000 hommes, et ne vouloit pas marcher plus en avant, à moins qu'on ne réunît sous son commandement les corps d'armées qu'on lui avoit ôtés et qui avoient été réunis à celui de Blucher.

Les Cosaques, les dévastations des troupes, avoient exaspéré les campagnes ; déjà dans tous les villages les habitans prenoient les armes, les traîneurs et les militaires isolés étoient massacrés, les courriers ne pouvoient plus traverser

sans de nombreuses escortes, les communica-
tions avec Tournay et Liége étoient presque in-
terrompues, les Français commençoient à suivre
l'exemple des Espagnols ; une seule défaite et
les armées alliées eussent, avec grande peine, re-
passé le Rhin.

Tels étoient les dangers auxquels une fausse
politique les avoit placés, telles étoient les craintes
aux quartiers-généraux de Tournay et de Liége,
et je crois pouvoir le dire, à ceux de la coali-
tion des Rois ; tels étoient enfin les tristes résul-
tats du perfide système qui non-seulement avoit
prévenu tout parti royaliste d'éclater, mais qui
paroissoit avoir fait partout une loi de mettre
toutes les entraves possibles à ce que les Bourbons pussent en exciter.

A Hambourg, Leurs Altesses Royales Monsieur et Monseigneur le Duc d'Angoulême avoient
été obligés de se rembarquer pour l'Angleterre,
sans avoir même pu obtenir une conférence avec
les souverains alliés.

A Vesoul, Monsieur fut obligé de se tenir
en arrière du théâtre de toutes les opérations, et
fut sans doute très-impolitiquement conseillé, ou
pour mieux dire, fut forcé de contenir l'élan de
tous les royalistes qui vinrent de tous côtés le
supplier de leur permettre d'éclater.

A Tournay, le Prince de Saxe non-seulement ne voulut pas m'accorder 1500 hommes de
troupes légères pour aller arborer le drapeau

royal à Amiens et à Abbeville, et chercher à soulever la Picardie et l'Artois, ce qui eût fait pour lui-même la diversion la plus utile, mais il me refusa même que ses patrouilles répandissent des proclamations du Roi, et de les faire accompagner par une personne que j'en aurois chargée. Ce second refus m'ayant fait prendre la détermination d'écrire à chaque commandant de place une lettre par laquelle je sollicitois de me rendre seul auprès de celui qui voudroit m'appeller, dans l'espoir ou de l'entraîner s'il étoit loyal à reconnoître son Roi, ou de périr au moins glorieusement pour le service de Sa Majesté, il me refusa même un trompette pour la porter, et je n'eus que la liberté de faire passer clandestinement ces lettres ainsi que des proclamations dans l'intérieur, mais je reçus en même-temps injonction de ne former aucun rassemblement quelconque autour de moi.

A Liége je fus quatre jours avant d'avoir pu obtenir l'audience que le Prince de Suéde me donna le 19 Mars à minuit, audience qui fût devenue le plus beau jour de ma vie, si, pendant le temps que je vins instruire le Roi que le Prince de Suéde se devouoit en entier à lui, Buonaparté au même moment n'eut découvert Paris. Cette marche qui le perdit, rendit superflue l'assistance du mouvement qu'alloit faire le Prince de Suéde, mouvement que n'avoient pu obtenir, jusqu'à ce jour, toutes les instances et remontranses des légations russe et angloise auprès de lui, et dont la décision fut regardée, à cette époque, par elles, comme pouvant être le salut des alliés et de la France, et l'eût peut-être été, si Buonaparté, en se portant sur Dijon, n'eût lui-même sauvé les alliés de la critique situation où leurs armées se trouvoient placées.

On peut dire que c'est la Providence qui vint les en tirer, mais leur funeste politique ne les en suivit pas moins jusqu'aux portes de Paris, et les hauteurs de Montmartre furent couvertes des corps de ceux qui n'entendant pas nommer leur Roi, crurent en mourant n'avoir combattu que pour la défense de leurs femmes, de leurs enfans, de leurs sœurs, de leurs propriétés, des tombeaux de leurs pères, etc. C'est ainsi que, sous les murs même de la capitale de la France, les libérateurs du monde, n'étoient encore aux yeux de tout Français, que des perturbateurs, et des ennemis.

Au moment d'un assaut, la magnanimité des Empereurs remplaça par une capitulation la trop juste terreur de toutes les vengeances, sous laquelle chaque Parisien avoit tant de motifs de frémir : l'entrée d'Alexandre fut triomphale, mais elle ne devint celle d'un Dieu tutélaire que quand il eut temoigné sa satisfaction à la vue du drapeau blanc. Dès ce moment seulement l'ivresse devint générale parmi tout ce qui n'étoit pas criminel ou révolutionnaire, et éclata de toute part. Ah! qu'il lui étoit facile alors d'être grand, à jamais grand, et de passsr d'âge en âge pour le bienfaiteur et le libérateur des Français, et pour le protecteur de la royauté et de la justice. Mais de perfides conseils vinrent diminuer sa gloire et préparer de nouveaux malheurs à la France.

Sa magnanimité fut séduite par le toujours adroit, mais non moins foible et timide Talleyrand, et par toutes les idées perverses de La Harpe. Hélas! le héros de la gloire crut contribuer au bonheur de la nation, et sans le savoir ne devint que l'avocat et le soutien des révolutionnaires et des Buonapartistes.

Alexandre, pendant son séjour à Paris, ne fit depuis qu'ajouter chaque jour, à toutes les difficultés que l'absence du drapeau des lys parmi les armées avoit déjà préparées à la considération des Bourbons et à la restauration du Roi.

C'est alors seulement que Son Altesse Royale Monsieur fut enfin appelé pour la première fois au quartier-général des Empereurs, et quoiqu'il n'eût été précédé à Paris par aucun coup d'éclat personnel, il y fut néanmoins reçu avec les plus vifs témoignages de joie et d'amour qu'inspirèrent le premier effet de sa présence. Mais il n'étoit pas Roi, et sa position devint bien difficile.

M. de Talleyrand lui présenta la nécessité de composer avec les révolutionnaires, et de ne faire aucune distinction du crime avec la vertu ;

et malheureusement, il n'osa pas agir assez d'après lui-même, et se laissa trop diriger par les opinions timides et intérressées de M. de Talleyrand. Le charme de son affabilité et de ses manières franches et loyales séduisit tous ceux à qui il parla, mais la bonté de son cœur l'entraîna trop loin ; et le militaire ne fut plus flatté de la réception qu'il en reçut.

Monseigneur le duc de Berry sè confiant aux agens de M. le Comte de Blacas, avoit dû croire, en partant de Londres le vingt Janvier, aller sous trois jours, élever le drapeau royal au centre de la Bretagne, et avoit eu la douleur de ne pouvoir pas même débarquer sur un seul point de la côte. Il arriva donc aussi à Paris, sans avoir pu développer le courage ardent dont il est animé. Il brûloit d'être guerrier, et crut ne pouvoir en jamais trop faire pour le militaire qu'il aimoit de prédilection ; mais il marqua beaucoup trop cette prédilection, et n'ayant pas combattu avec les armées, il ne sut pas toujours allier ce que sa dignité exigeoit, avec ce que sa situation pouvoit lui permettre, et trop souvent indisposa le militaire qu'il vouloit s'attacher.

Toutes les démarches politiques dirigées par Monsieur de Talleyrand, au nom du gouvernement provisoire, furent foibles et diamétralement opposées aux intérêts du Roi. La révolution, qui pouvoit être si facilement dirigée à cette époque sur un retour pur à son Roi, et à la monarchie, ne devint bientôt qu'une simple intrigue de parti, et n'inspira, dès son origine, de confiance ni de satisfaction à personne : nul élan ne fut donné, nul enthousiasme ne fut excité ; la direction de l'esprit public, si intéressante pour la première impression à faire, fut totalement négligée, l'absence d'une volonté, qui dirigeât, fut marquante en tout.

Les chefs des révolutionnaires, et des criminels se réunirent autour de M. de Talleyrand qui voulut lui-même s'appuyer d'eux pour se rendre nécessaire, et ils cherchèrent de concert à lier et à enchaîner le Roi. Ce fut le seul plan qui fut adopté, et *malheureusement suivi avec trop de succès.*

Pendant que, par toutes les causes, ci-dessus énoncées, mille difficultés se préparoient dans la capitale à l'administration future du Roi et à sa pure réinstallation, le Roi étoit à Hartwell, et on avoit à Paris l'air de songer à peine à lui. Il étoit plus que jamais évident qu'il falloit déployer de la vigueur et préparer avec adresse un éclat qui en imposât à tous. En politique il *faut ou savoir diriger les événemens ou se laisser conduire par eux.* Hélas ! ce dernier système fut celui que l'insuffisance de M. de Blacas conseilla à son maître d'adopter ! que de vains efforts n'ai-je pas faits pour éclairer le Roi sur le précipice où on l'entraînoit, et je ne crains pas d'en appeller avec confiance au cœur du Roi dans l'esprit duquel, pour son malheur et celui de sa famille, les opinions de Monsieur de Blacas ont prévalu.

Je lui remis le 19 Avril la lettre qui suit.

Ce 19 Avril 1814.—Au Comte de Blacas.

Mon cher Comte.—Je vous envoie ci-joint une lettre que j'ai pris la liberté d'écrire au Roi, qui, j'ose croire d'avance, vous plaira, et est dans vos opinions. Lisez-la, cachetez-la et veuillez-la remettre.

Je ne puis l'envoyer par mon oncle, elle lui feroit de la peine, à cause de M. de Talleyrand. Adieu, tout à vous, Votre ami pour la vie.

CHABANNES.

Extrait de ma lettre au Roi, ci-dessus annoncée.

Ce 19 Avril 1814.—No. 140 de ma Correspondance.

Sire,

Du début du premier moment va dépendre l'avenir de V. M., la situation de la France est un vrai chaos révolutionnaire ; la révolution est arrivée sans plans, sans combinaisons, sans préparations quelconques, de la manière la moins attendue et la plus incroyable. Personne ne dirige ; mais chacun veut déjà diriger : il n'y a pas jusqu'au moindre jeune homme qui arrive de Paris, qui ne se croie l'homme le plus important. Déjà s'élèvent des prétensions de toutes parts. Votre Majesté est perdue et sa famille, si elle ne débute par annoncer une fermeté de caractère qui en impose à tous.

Ou Votre Majesté va devenir le jouet et l'esclave de tous les intriguans, qui vont chercher à régner sous son nom, ou elle va régner en Roi par les lois sages qu'elle aura elle-même établies. Tout dépend absolument de l'impression du premier moment. Ne craignez rien, marchez en maître, ô mon Roi. Annoncez le caractère le plus ferme et le plus prononcé, et tout est à vous. Si vous faites un premier pas faux ; si vous hésitez, si vous voulez consulter, tout est perdu, et vous êtes esclave jusqu'à ce que vous deveniez victime. Mais en même temps qu'il faut en imposer par un premier coup-d'éclat, il faut bien de l'adresse pour le faire connoître, pour qu'il ne soit pas altéré, et pour tout conduire à votre but.

Ce n'est pas par présomption ni par prétention que j'ose ainsi vous présenter mon opinion, c'est par l'amour dont mon cœur brûle pour la gloire de son Roi. Songez, Sire, qu'il faut tout rapporter à vous, qu'il faut que vous dirigiez tout. Vous devez être l'homme le plus profond dans l'opinion, le plus grand administrateur qui ait jamais existé. Vous en avez l'esprit, vous en avez les connoissances, vous en avez tous les moyens. Profitez des dons que la nature vous a faits. Craignez de vous livrer aux opinions de la corruption et du vice. Dirigez, commandez par vous-même, et tout marchera, tout obéira. Il ne faut que votre volonté ferme et prononcée.

Suivons d'abord les autorités et les ordres de la nation pour raisonner avec plus de clarté.

Qu'est-ce que ce gouvernement provisoire ? etc. etc. etc . . . .

. . . .

Depuis qu'ils sont nommés, ils ont voulu jouer les petits souverains, et n'ont cherché qu'à ôter à Votre Majesté tout le mérite, envers la nation, des premières lois qui pouvoient la soulager ; au lieu de se livrer ouvertement et franchement à leur Roi, ils louvoient, ils ont l'air de craindre de lui témoigner le respect qu'ils lui doivent . .

. . . .

Qu'est-ce que le Sénat ? etc. etc. etc. . .

. . . .

Ils n'ont fait cette constitution que pour eux. Rien de plus facile que de les prendre dans leurs propres filets, et de les rendre de plus en plus odieux . . . .

. . . .

C'est Buonaparté dont le souvenir est encore dangereux et qui peut donner de l'embarras, surtout par le militaire.

Suivant mon foible jugement, le gouvernement provi oire, s'est conduit, à cet égard, avec toute la maladresse possible. C'est une révolution de parti qu'ils ont voulu faire, des créatures qu'ils ont voulu placer, mais, non la révolution morale de la France, non, le retour pur au Roi. Si les troupes Russes n'étaient pas dans Paris, leur gouvernement ne dureroit pas un seul jour. Est-ce là le pivot que Votre Majesté doit choisir ? gagner les chefs militaires, désorganiser le mauvais esprit de l'armée, s'attacher tout ce qui tient à Buonaparté et peut être prépondérant, voilà la bonne politique.

Quant à l'influence de l'Empereur de Russie et des cours étrangères, elle n'est point à craindre, et il sera facile à Votre Majesté de tout attirer à elle. Cette question me paroît ne pas avoir besoin de la moindre discussion.

Je résumerai donc cet aperçu en disant qu'il seroit à souhaiter que la marche de Votre Majesté depuis Calais, jusqu'à Paris, fût dirigée de la manière la plus digne, la plus grande, la plus pompeuse, et si elle n'est pas préparée ainsi, Votre Majesté ne feroit-elle pas mieux de retarder de deux ou trois jours ou plus même et de s'assurer que tout soit bien ordonné. Ne seroit-il pas à désirer, par dessus tout, qu'il pût y avoir des *hommages de troupes françaises* qui feroient planche pour les autres ; et si Votre Majesté passoit de préférence par Lille y envoyât d'avance, et s'y arrêtât un ou deux jours, elle recevroit à coup sûr les hommages du corps d'armée qui y est. etc. etc.

Je n'ai cité que quelques passages de cette lettre qui contenait douze pages. Hélas ! si elle fut remise au Roi, Sa Majesté n'a eu que trop lieu de connoître que son fidèle serviteur lui disoit la vérité. Si elle a été soustraite, le Roi le saura, au moins aujourd'hui, et connoîtra qui le servoit, ou qui l'a trahi. Le surplus de ma lettre, n'a pas dû être imprimé dans ce moment-ci.

Si les opinions que je n'ai cessé de manifester paroissent n'avoir pas été sans justesse et sans fondement, puis-je oser espérer qu'elles pourront obtenir quelqu'attention sur celles que je vais prendre la liberté de soumettre jusqu'aux pieds des trônes, s'il est possible de les y faire parvenir*.

Un nouveau piége se prépare, la force ne pouvant opposer de résistance efficace à la volonté réunie et prononcée des protecteurs de l'humanité, l'adresse, l'astuce, la perfidie sont de toutes parts employées. L'attaque est dirigée sur les opinions qu'on cherche à séduire et qu'on veut égarer. Tout l'art du jacobinisme est déployé en ce moment dans tous les pays, autour même de tous les trônes.

---

* On les trouvera detaillé depuis la page 44 jusqu'à 73 dans ma lettre à M. le Comte de Blacas imprimée à Londres, le 26 Avril dernier, chez le même imprimeur, depuis 17 mois je n'ai été, hélas qu'un vain, mais trop malheureux prophete !

Le Caméléon adopte toutes les couleurs ; le poignard paroît suspendu, mais partout la perfidie se prépare à l'enfoncer avec plus de fureur.

Buonaparté sent lui-même qu'il est inévitablement perdu, que la France entière le déteste, que les troupes même commencent à ouvrir les yeux, que le repentir vient les ébranler et qu'il n'a de salut possible que dans des succès aussi inouïs qu'inattendus et improbables. Il a dirigé à cet effet le plus grand nombre de troupes qu'il lui a été possible vers la Flandre où le nombre de forteresses lui assure des moyens de défense et où les frontières ouvertes du Brabant, lui donnent la facilité d'attaquer le premier avec des forces supérieures en nombre et il fonde peut-être en même temps quelqu'espoir dans la populace et dans les partisans du jacobinisme, qui ne sont encore que trop nombreux partout. Puisse-t-il sur des lacs de sang ne pas commencer par des succès !

Tandis qu'il a ainsi préparé son attaque, les chefs du parti jacobin, au lieu de lui être contraire et de le trahir, comme on cherche à le faire croire, le servoient avec tout le zèle possible. Ils affectent dans l'intérieur la modération, l'indulgence, pour endormir ceux que le désespoir pourroit faire éclater, mais la police y est dans tous les lieux la plus active. Ils font circuler une multiplicité d'écrits les plus injurieux contre les Bourbons, ils remplissent les journaux des rapports les plus faux sur les intentions des alliés et la marche de leurs troupes ; en un mot, ils déploient tous les moyens de leur art, (le mensonge) pour déguiser la vérité et répandre l'erreur ; mais tous leurs efforts-seront vains, la nation est contre eux, les voit avec horreur, et si elle s'est laissé subjuguer de nouveau par le tyran qu'elle abhore, elle oppose au moins la force de l'inertie à tous les moyens qu'il voudroit déployer et a tous les piéges du jacobinisme.

Connoissant leur propre foiblesse, prévoyant la chute probable de Buonaparté, deux motifs, portent les chefs des jacobins, à chercher à négocier avec les puissances étrangères. Le premier de détourner l'attention sur les efforts qu'ils font pour supporter Buonaparté et pour rallentir les préparatifs qui doivent le renverser. Le second pour se préparer un réfuge en cas de naufrage et sous le nom d'une nouvelle constitution et d'un nouveau chef qu'ils affectent vis-a-vis d'elles d'uniquement désirer, ils osent se flatter que le désir de la paix portera les cabinets de l'Europe à abandonner tous les principes de l'honneur et de leur véritable intérêt à la *foible lueur de la tranquillité d'un jour.*

On ne peut se faire une idée de la multiplicité d'agens que la police envoie en pays étrangers pour y répandre toutes les opinions qu'elle peut faire accréditer. La vénalité n'a malheureusement trouvé que trop de portes ouvertes à la corruption, et cette arme dont la direction fut primitivement confiée à M. de Talleyrand et à Fouché, a encore plus contribué aux succès de Buonaparté que les milliers de victimes qu'il a sacrifiés à son ambition. Tous ces moyens étaient montés, les employés tout prêts à recevoir les nouveaux ordres de leur ancien chef, il n'a fallu que leur donner le signal pour qu'ils prissent un nouvel essor.

La base des instructions, donnée à ses nombreux agens, et qu'ils communiquent aux partisans qu'ils parviennent à tromper, ou à séduire, est de dénaturer tout ce qui peut être au désavantage de Buonaparté, et sur toutes les nouvelles quelconques de propager toutes les idées qui peuvent le servir. Ils ont leurs journalistes, leurs écrivains, et ils ont soin réciproquement de faire copier, dans chaque journal, les articles qu'ils ont fait insérer dans un autre pays, afin de faire croire que les opinions qu'ils ont eux seuls dictées, sont celles qui regnent. C'est par cette manœuvre qu'ils cherchent à répandre et à propager les erreurs.

Ils ne craignent pas de remplir tous les journaux de France de tous les mensonges les plus grossiers et les plus absurdes. Ils ont appris par une longue expérience que ce sont toujours eux qui ont le plus d'effet sur la populace, et que chacun même, plus ou moins, finit par en être la dupe. Mais ils savent aussi pareillement que, dans les pays étrangers, ils apportent ces mensonges auxquels on y ajoute également que trop de foi. Tous les journaux les y répètent littéralement : On y lit un article, on n'est pas constamment en défiance que cet article est toujours en exagération, pour ou contre, du fait qu'ils annoncent et très-souvent une pure fabrication. L'Impression en reste plus ou moins, malgré soi, et les erreurs les plus grossières deviennent insensiblement la base des conversations et de faux raisonnemens. Aujourd'hui les opinons que les jacobins et leurs agents cherchent a répandre sont :

1°. Que la France rejette les Bourbons.

2°. Que la paix, soit avec Buonaparté, soit avec tout gouvernement qui lui succéderoit, peut être une paix solide et durable.

3°. Que l'Europe ne doit pas embrasser la cause de Louis XVIII, Roi légitime, ni se mêler des discussions intérieures de la France.

Pour juger sainement de toutes les opinions qui existent en France, commençons par les suivre les unes après les autres, dans chaque classe séparément et si nous parvenons à démontrer ce qu'elles doivent inévitablement être, peut-être ferons-nous croire à ce qu'elles sont réellement dans la généralité et à ce qu'elles peuvent devenir.

Nous diviserons à cet effet la Nation en plusieurs classes. . Le laboureur journalier, le laboureur propriétaire, le petit fermier, l'artisan journalier, l'artisan commerçant, les petits marchands ou boutiquiers, les fermiers, la haute bourgeoisie, la noblesse, le clergé, les employés du gouvernement, les acquéreurs des biens nationaux, la gendarmerie, le militaire.

———

Le Laboureur Journalier.

La nécessité de vivre, le fixe tous les jours au travail. Ou il se loue, soit à l'année comme domestique, soit par semaine, soit à la journée. Quelle peut être son occupation dans cet état?.. Recevoir son salaire annuel ou journalier et s'amuser ou se reposer le Dimanche. Quel est l'intérêt qui l'occupe? Augmenter, s'il le peut, son gage, et n'être pas enlevé par la conscription. Son ambition, ses réflexions ne vont pas au-delà, et ne peuvent aller plus loin. Si on veut l'occuper de la politique, il est disposé par son ignorance à recevoir toutes les impressions qu'on veut lui donner, mais en général il a été et est indifférent sur toutes les révolutions quelconques. Avant la révolution, les prêtres avoient sur lui beaucoup d'empire par la crainte de la confession. Aujourd'hui, ils en ont conservé très-peu, parce que tout ce qui est élevé depuis la révolution, a très-peu de religion. Ils sont en général méfians, peu susceptibles de reconnoissance et seulement attachés à un sol de plus à gagner. Lorsque l'homme qui vit de son travail journalier est jeune, il ne pense le Dimanche qu'à s'amuser et à sa maîtresse. Une fois marié et avec des enfans, il n'a

de plaisir que celui de boire, ou d'économiser. Là
se bornent tous ses goûts, toutes ses habitudes,
toutes ses opinions. On a excité facilement au
commencement de la révolution, l'homme de cette
classe, parce que toute idée nouvelle et tout bouleversement plaît à la populace, mais la conscription est venu le frapper ; il en craint le retour ;
et tout indifférent qu'il est en général, il ne peut
que préférer le règne des Bourbons, qui lui a ôté
ce fléau terrible.

Le Laboureur Propriétaire et le petit Fermier.

En France cette classe n'est pas riche comme
elle est dans d'autres pays. L'intérêt, le commerce de leurs bestiaux, la vente de leurs denrées,
la direction des travaux ruraux ou la multiplica-
tion de leurs troupeaux : voilà le sujet de leurs
occupations et de leurs conversations. Leurs enfans, ou leur servent de domestiques, ou se louent
chez d'autres fermiers. Un très-petit nombre cherchent à sortir de leur état ; leurs propriétés se
divisent après leur mort et la fortune des gens de
cette classe est toujours bornée ; leurs opinions
politiques sont indifférentes sur toutes les formes
de gouvernement, de père en fils ils sont pour la
routine dans les usages, et leurs anciennes habitudes dans leurs opinions. La révolution leur a
plu au premier moment, parce qu'elle a ôté les
dîmes et les droits féodaux ; mais les impôts ont

augmenté dans une plus grande proportion. On leur a enlevé leurs chevaux arbitrairement, doublé leurs impôts les derniers momens du règne de Buonaparté. La conscription les a affecté sensiblement, où parce qu'ils perdoient un domestique utile et économique dans leurs fils, ou parce qu'il leur en coûtoit de l'argent pour le remplacer. Du moment où ils seront assurés que les dîmes ni les droits féodaux ne reviendront plus, la presque totalité ne peut être de préférence que pour un Bourbon. Les anciens qui n'ont point acquis de biens nationaux sont en général aussi religieux qu'ils étoient avant la révolution. Ils aiment à se faire valoir de leur probité et sont jaloux de ceux qui sont plus riches qu'eux par les acquisitions des biens d'émigrés, mais s'il leur en arrive à leur tour, soit par mariage, soit par héritage, ils ne sont pas plus portés à les rendre, tant l'avidité et l'intérêt sont dans le cœur de tous les hommes ! Habitans d'autres pays, ne regardez plus avec indifférence cette trop funeste vérité : si la spoliation et le vol trouvent appui et récompense en France, songez quel exemple se traceroit pour vous-même si, tôt ou tard, des troubles éclatoient chez vous.

L'Artisan Journalier.

Habitant la ville, il en prend aisément tous les vices. Le libertinage, la boisson, voilà son plaisir. La politique l'occupe par jactance et pour bavarder dans les cabarets. Il croit facilement à tout ce qu'il lit dans les journaux, et, ainsi que l'homme sans éducation, il se plait à croire tout ce qui lui paroît extraordinaire et merveilleux: il ne raisonne pas, mais il déraisonne toujours. Il n'a point de religion, tous les gens de cet état sont nés depuis la révolution, et sans la conscription nul doute qu'ils seroient pour la plupart plutôt portés pour Buonaparté que pour les Bourbons.

L'*Artisan commerçant, petits Marchands ou Boutiquiers.*

Tout ce qui est jeune est plutôt imbu des défauts de la classe ci-dessus : mais tout ce qui est père de famille n'est occupé, que de ses intérèts, de son commerce et de ses enfans. Il gagne médiocrement sa vie et désirait avant tout la réforme de la conscription et la tranquillité.

Il y a beaucoup d'honnêtes gens dans cette classe ; la conscription les affligeoit sensiblement ; aucuns ne peuvent donc être pour Buonaparté ; et s'il en est parmi eux d'indifférens, la majeure partie est à coup sûr pour les Bourbons, mais avant toute chose, ils sont pour la paix et la tranquillité.

Les Fermiers.

Cette classe en France peut s'appeller la bourgeoisie des campagnes. Le commerce des bestiaux, le prix des marchés et du cours des foires, le calcul continuel de chercher à vendre plus cher et à acheter meilleur marché forment leur constante occupation. Il sont trop en général peu délicats dans leurs traités, et la meilleure foi n'y règne pas toujours. Ceux qui sont honnêtes ont de la religion, ceux qui ne le sont pas affichent de n'en point avoir. Ils désirent, avant tout, la paix et sont partagés dans leurs opinions, qnelques-uns pour Buonaparté, quelques-uns pour les Bourbons, la majeure partie pour l'indifférence.

La haute Bourgeoisie.

La haute bourgeoisie comprend tous les gens aisés ou riches qui ne font pas partie de l'ancienne ou de la nouvelle noblesse. Pour être plus précis, je la diviserai en plusieurs classes, selon ses occupations.

Le Bourgeois Propriétaire qui vit de ses Rentes.

Tout ce qui n'est pas acquéreur de biens nationaux dans cette classe très-nombreuse, est aussi royaliste que la noblesse même. Dans le commencement de la révolution l'orgueil naturel de l'homme a pu les enivrer pour le faux système de l'égalité. Mais ils n'ont rien gagné. Ils ont souffert dans tous les momens de la révolution. La conscription les ruine, parce que la majeure partie rachètent leus enfans, et qu'en général leur fortune n'est pas considérable. Ils souhaitent la paix et la tranquillité et ne peuvent que désirer le gouvernement qui leur donne le plus d'espoir de la leur garantir. Il y a beaucoup d'honnêtes gens dans cette classe.

Le Négociant, le Banquier, le Manufacturier.

Pourroit-on leur supposer et pourroient-ils avoir d'autres pensées que le désir de la paix, Et de préferer le gouvernement qui peut la leur procurer ? Sans doute, cette classe est bien nombreuse et bien égoïste, peut-être même en général bien indifférente sur qui que ce soit qui gouverne; mais elle ne l'est pas pour ses intérêts, et ses intérêts la forcent essentiellement de donner la préférence au règne des Bourbons, parce qu'eux seuls peuvent procurer la paix et en garantir la durée.

Le Barreau.

Dans le commencement de la révolution tous les gens de loi, pour ainsi dire, y prirent part, mais depuis, tout ce qui ne s'y est pas livré a souffert comme les autres. La conscription a enlevé leurs enfans ou diminué leur fortune pour les racheter. Beaucoup sont propriétaires; la presque totalité est royaliste et ne peut que désirer la paix et la tranquillité.

Le Clergé.

Je n'aurais pas du le nommer, car personne ne peut douter qu'il ne soit en entier pour un gouvernement protecteur de la religion et de la moralité, et dont le chef en donne le plus pur exemple.

La Noblesse.

Même celle qui fut avilie et coupable est contre Bonaparte. Si la noblesse fut la victime de la foiblesse de Louis XVI, elle vient de l'être encore plus de la funeste politique qu'on a conseillé à Louis XVIII de suivre, et n'a reçu d'aucun prince les témoignages de satisfaction, que ses sacrifices, sa loyauté, sa soumission encore dans ces cruels derniers momens, devoient lui attirer. Elle mérite l'intérêt du monde entier et partout on cherche à la noircir et à l'accabler.

Monarques tout puissans, elle est autour de vous la splendeur de vos couronnes, le défenseur de vos trônes! Noblesse de tous les pays, la cause de celle de la France est partout la vôtre et elle fut au moins aussi loyale que vous le seriez vous-mêmes ! Cessez donc d'être injustes envers elle ; ne confondez plus les familles entières des Montmorency, des Talleyrand, des Clermont-Tonnere, des la Rochefoucauld avec les individus égarés de ces familles dont les noms ont eu tant d'influence sur la première effervescence qui a précipité la France dans le gouffre des révolutions, ni à ceux de ce rang qui ont pu s'attacher au char de Buonaparté.

Si, dans les cours, la bassesse et la corruption n'avilissent que trop souvent le caractère de l'homme, dans les villes, dans les provinces de tous les pays, vous trouverez chacun chez vous, la pureté, la loyauté, le dévouement dans la noblesse, laissez au moins à celle de France le seul bien qu'on n'a pu lui ôter, *l'honneur et la fidélité.*

Des Employés du Gouvernement.

Dans cette classe il y a beaucoup d'honnêtes gens. Pour leur rendre justice à tous, il est nécessaire de les différencier.

Des Chefs de la Révolution.

Ces chefs sont un très-petit nombre que l'immoralité, la scélératesse et le crime ont successi-

vement élevés, placés ou maintenus aux premières distinctions. Sans doute, ils sont trop
puissans. La vérité et la sincérité qui me guident
me forcent à en convenir. Ils le sont, parce qu'ils
ont des talens, de l'esprit, du courage, et qu'ils
tiennent tous les fils qui ont fait mouvoir tous les
ressorts des révolutions successives que la France
a éprouvées ; mais si leur audacieuse atrocité
leur donne une dangereuse influence, c'est aussi le
comble du délire philosophique que de pouvoir
penser qu'on doit la leur conserver. Cette influence ne tient qu'à la faiblesse de vouloir les
ménager. Partout ils sont les objets du mépris·
L'intérêt de tous les trônes, de toutes les nations,
de tous les peuples, de toutes les familles, deman-
de des exemples qui arrêtent dans chaque pays,
là contagion du vice et de l'immoralité.

Des Employés en Chef dans les Parties adminis-
tratives.

Ceux-là étoient tous pour Buonaparté puis-
qu'avec lui ils devoient craindre de perdre leur
existence. Ils le sont encore sans doute et le
seront pour la plupart presque toujours.

Employés subalternes dans les différentes Adminis-
trations ou dans toutes les différentes Places.

C'est un fait très-extraordinaire, mais cepen-
dant de la plus exacte vérité, qu'excepté dans le

département de la police, les neuf dixièmes des employés dans toutes les administrations détestent Buonaparté et sont plutôt royalistes.

Des Acquéreurs de Biens nationaux.

Dans cette classe il ne faut pas chercher un seul partisan pour les Bourbons, mais ils ne sont pas plus pour Buonaparté. Ils sont et seront toujours pour tout gouvernement révolutionnaire, tel qu'il soit.

La Gendarmerie.

Ce corps est composé d'anciens militaires de toutes armes destinés à maintenir l'ordre et la police. Il a été constamment passif à toutes les révolutions et a obéi sans distinction au pouvoir et à la loi du jour. Il étoit, on ne peut plus intéressant de le tripler et de composer les deux nouveaux tiers de jeunes gens sûrs. Dès lors ceux d'entre eux qui eussent mal pensé ou voulu mal agir n'en eussent plus eu la possibilité.

L'influence de ce corps est telle sur tout le sol français que deux gendarmes conduisoient des centaines de conscrits, les enlevoient dans leurs propres maisons, au sein de leurs familles, au milieu de tous les rassemblemens, et inspiroient la terreur partout où ils se présentoient, sans qu'un seul homme osât se révolter. Il est commandé en chef par un inspecteur-général, organisé par régimens, divisé par compagnies, et reparti par brigade sur toute la surface de la France. La Gendarmerie n'a point changé de caractère, ni de sentiment; elle a reçu les ordres des Bourbons: elle s'est rangée sous ceux de Buonaparté ; elle obéira de nouveau à Louis XVIII ; elle reçoit de ses chefs l'impulsion qu'ils lui donnent et la suivra toujours.

Le Militaire.

Je n'ai cessé de presenter dans toutes les occasions la nécessité de s'attacher le militaire ; je reviens à la charge, et je soutiens encore la même opinion, toute défavorable qu'elle est devenue aujourd'hui. Certes, je ne prétends pas justifier le militaire ; mais je crois que la politique se joint à une sorte de justice, de chercher à diminuer les torts trop grands qu'il vient d'avoir, et de plus grands encore dont on l'accuse.

Depuis 25 ans le militaire est élevé au milieu des combats, tous sont nés depuis la révolution, ou au moins, je veux dire, élevés depuis le moment où ils auroient pu connoître la grandeur et le règne des Bourbons. La classe dont sort le soldat, ignore l'histoire et n'a entendu que les propos les plus défavorables, et les calomnies les plus absurdes contre nos Princes. Il a conquis des royaumes, humilié des Rois, vaincu l'Europe entière. De tels hommes ne pouvoient être enivrés que par quelques traits héroïques, ou par quelques grands coups d'éclat. La malheureuse politique de l'Europe ayant, depuis 1792, soigneusement écarté nos Princes de tous théâtres de la guerre, et la révolution venant de s'opérer par le civil sans que nos Princes ayent pu y participer il étoit facile de présumer et de juger que la soumission des militaires étoit forcée, et tenoit à la seule circonstance, et que sans des occasions où nos Princes pussent faire briller leur courage, il se passeroit bien des années avant de pouvoir changer les premières impressions dont ils étoient imbus. L'officier subalterne depuis le grade de sous-lieutenant jusqu'à celui de chef de bataillon ou d'escadron, n'a pas toujours caché ses opinions, et regrettant le séjour des camps, voyait avec douleur se consolider une longue paix qui lui ôtait l'espoir de tout avancement rapide. L'égoïsme est dans toutes les classes, dans tous les états, et n'est pas moins dans le militaire ; et la prospérité de la France, le retour du commerce, le bonheur de la nation, n'intéressoient nullement une classe d'hommes qui, par état et par son âge, est souvent plutôt portée à se plaire dans le désordre. Depuis les colonels jusqu'aux premiers officiers généraux, l'accueil qu'ils avoient reçu devoit les flatter et les attacher. Mais il faut l'avouer nos Princes ont trop marqué le besoin et le désir qu'ils avoient de gagner leurs opinions, et un accueil trop universel ne les a plus flatté. Tous les maréchaux ont été comblés au-delà de ce qu'ils devoient s'attendre, et par cela même comme ils ne pouvoient se dissimuler à leurs propres yeux l'opinion que la plus part d'entr'eux avoit mérité, ils ne voyoient qu'une dissimulation dictée par le besoin et la foiblesse qui put porter le Roi et nos Princes à en faire autant pour eux. Aujourd'hui, il en est pour qui les bontés du Roi ne seront plus qu'une justice, et auxquels le public ne peut rendre assez d'hommages.

Si, dans l'origine, le Roi eût pu s'entourer de l'armée et eût mis sa confiance en elle, tout eût été simple alors ; et les faveurs du Roi et des Princes eussent été motivées. L'amour propre du militaire, sa vanité, son orgueil tout eût été satisfait en lui, et il se seroit, à son tour, livré franchement a son Roi : mais la révolution s'étant operé par le civil ; le Roi n'ayant pas jugé à propos d'appeler auprès de lui les troupes, et s'étant entouré de toutes les personnes que les généraux et le soldat dédaignent et méprisent, le militaire est resté témoin passif d'une révolution qui n'étoit à ses yeux que le seul effet de la force étrangère ; et les préjugés qu'il avoit sucé, depuis l'enfance, contre nos Princes, sont restés gravés dans son cœur.

Il falloit, dans cette situation difficile, juger et connoître le cœur de l'homme, et ceux qui avoient l'honneur de jouir de la confiance du Roi et de nos Princes devoient mieux les informer et les éclairer. Deux partis seuls étoient à prendre : ou les attacher, ou les dissoudre : on n'a fait ni l'un ni l'autre. Une partie des conseils du Roi l'a trompé, l'autre n'a su ni prendre des précautions, ni se faire instruire des opinions par une police adroite et active. Tous deux, l'un par perfidie, l'autre par ineptie, ont trahi également le Roi.

Dans une telle circonstance, quelle plus coupable incapacité a pu proposer au Roi, ou publier en son nom toutes les ordonnances sur la légion d'honneur, qui ont excité tant de mécontentement parmi le militaire ? Comment a-t-on pu se permettre de dire que la croix de la légion d'honneur ne seroit *plus donnée désormais qu'au civil* (il est vrai que, le lendemain, on a cru avoir réparé le mal en faisant dire dans le Moniteur que c'étoit une faute d'impression,) et en conseillant au Roi de placer l'ordre de Buonaparté sur son cœur. Mais quel mal n'a pas fait cette double faute : en même temps, aucune précaution ne fut prise pour entourer le Roi d'une force sûre et suffisante pour au moins mettre S. M. à l'abri d'un coup-de-main. Sa maison militaire fut trop peu nombreuse, rien moins que complétée, et après 10 mois, n'étoit encore ni montée, ni armée.

Une seule mesure de prudence avoit été prise, celle d'armer toute la garde nationale et de chercher à attacher à la constitution et à la royauté cette classe précieuse de citoyens*. Mais lorsque cette garde nationale qui étoit remplie du meilleur esprit et d'un attachement vrai à la personne de S. M. put devenir le salut du Roi et de la France, lorsqu'il falloit uniquement s'en servir pour combattre et envelopper Buonaparté ; les ministres du Roi eux-mêmes ne remplirent les journaux que des éloges des généraux et des troupes, par qui *le dernier des enfans* eut eu la sagacité de deviner à leur place que le Roi étoit et devoit immanquablement être trahi.

Oh comble de la plus coupable ineptie et de la plus funeste des trahisons ! car ici celui, qui tient les rènes et qui ne sait ni prévoir le piége dans lequel il est entraîné, ni déployer tous les moyens d'en préserver son maître, est indigne de la confiance de son Roi, et devient plus perfide que celui qui le trahit. Cessons donc d'être étonnés avec un tel aveuglement et d'après toutes les causes

---

* La garde nationale se compose en France de tout particulier domicilié et propriétaire, commandée par des officiers pris dans les mêmes classes elle est formée en compagnie et en régimens. Elle fait le service militaire dans chaque localité et se rassemble lorsqu'elle est requise et que la sureté publique l'exige.

Monsieur, frère du Roi, étoit commandant-général de toutes les gardes nationales du royaume.

D

exposées ci-dessus, d'abord, de l'indifférence de toutes les troupes, ensuite de la contagion qui les a gagné d'une extrémité à l'autre de la France : la plupart encore (j'en jurerois par la gloire qu'elles avoient acquises et la loyauté qui doit accompagner la bravoure) sont au désespoir de servir Buonaparté. Ils connoissent aujourd'hui sa trahison, les moyens qu'il a employé pour les tromper, ils voudroient n'être pas sorti du devoir et pouvoir y rentrer. Bien loin donc d'exciter la rage des soldats fidèles et libérateurs contre des traîtres révoltés, il est plus juste de les plaindre, et il seroit plus politique de chercher à les ramener.

Que leur Roi, que leurs Princes, que létendard des lys soyent partout mis en avant. Le nom du Roi rappellera le serment qu'ils lui avoient juré, sa clémence, sa trop grande bonté leur assurera leur pardon. Les Princes auront les occasions de montrer leur bravoure, de développer leur magnanimité. L'étendard des lys sera le signal du ralliement général. Tous les habitans viendront se refugier sous son égide ; les soldats de Buonaparté connaîtront alors qu'ils sont devenus les ennemis de leur propre patrie. S'ils voient partout des Français, et que les troupes étrangères ne leur servent que d'appui, tout enthousiasme qu'on fût parvenu à exciter tombera de lui-même ; ils diront une seconde fois, nous ne voulons point combattre contre nos frères. Ils tomberont aux pieds de leur Roi, sa clémence et son cœur lui assurent d'avance leur pardon, des flots de sang seront épargnés, le traître aussitôt cessera d'exister.

Mais si des opinions perfides écartent Louis XVIII des conseils et de la réunion des Rois ; si nos Princes ne sont pas mis en avant ; si les troupes étrangères veulent faire tomber sur la France innocente la vengeance du mépris et de la haine que l'incapacité et la trahison des ministres de Louis XVIII ont attiré sur elle, Dieu sait quelle frénésie peut renaître, et où s'arrêteront les torrens de sang qui peuvent de nouveau couler.

Après le développement qu'on vient de faire de toutes les classes de la nation, et des opinions que chacun doit inévitablement avoir d'après son état et ses intérêts ; on croit pouvoir demander *si une armée révoltée, une bande d'assassins, de voleurs, de criminels de toutes les espèces,* soutenue par *quelques écrivains* ou *journalistes mercénaires* ou *fanatiques* forment la *Nation Française* ont le droit exclusif de parler au nom de **28** *millions d'habitans,* et peuvent jamais représenter à l'Europe un gouvernement stable ; telle dénomination qu'ils lui donnent, ou tel individu qui se déshonorât en acceptant de les gouverner. Si, dis-je, l'Europe peut faire une paix *honorable et solide* avec un tel assemblage ou un tel chef ?

et comment il peut se *trouver dans* le monde un seul être doué de quelque jugement et de quelque raison qui puisse le penser.

Ne craignons pas de rappeler ici des vérités dont tous les gouvernemens sont sans doute pènétrés, mais qui néanmoins ne peuvent être trop répétés.

Depuis que la France est en révolution, l'Europe a été agitée, troublée, bouleversée.

Tant que 28 millions d'hommes seront en fermentation, aucun peuple voisin ne peut être assuré de la tranquillité, aucune nation ne peut se croire en état de paix.

Les idées révolutionnaires de la France n'ont déjà fait que trop de progrès dans le cœur des hommes de tous les pays, dans le centre même de chaque capitale.

Si la récompense en France couronne les forfaits, chacun peut espérer que le bouleversement de son propre pays pourra bientôt, à son tour, lui procurer une situation *sinon honorable, du moins honorée.*

Ce n'est plus Buonaparté qui est le danger de l'Europe ; il est démasqué. Ce sont les nouvelles opinions ; c'est la désorganisation de toutes les têtes, c'est la révolte établie en calcul de fortune, c'est de toutes les contagions la plus funeste, celle de *l'immoralité* de la *fausse philantropie,* de la *perfide philosophie du jour,* dont il faut garantir le monde. Voilà l'hydre véritable qu'il faut écraser dans son principe, où trop tôt hélas ! pour l'humanité, l'Europe en sera dévorée.

La cause de la morale est celle de Dieu, est celle de tous les hommes, est celle de tous les peuples, est celle de tous les trônes. Le banissement du crime doit devenir la base fondamentale du rétablissement de l'ordre et de la paix, ou jamais il n'y aura de tranquillité en Europe. Ce n'est point la nation française qui est changée, c'est un délire mis en système par des gens immoraux ennemis de toutes sociétés qui est devenu la cause de ses égaremens et de ses malheurs. Excepté la première révolution, où ils ont entraîné le peuple, la nation est restée passive sur tous les changemens successifs qui l'ont opprimée; elle vient de l'être encore, et le sera toujours aussi long-temps que le langage de l'âme ne parlera pas aux Français. L'homme n'est que trop susceptible de recevoir toutes les impressions qu'on lui donne. Tout dépend de frapper les esprits pour émouvoir les cœurs et entraîner les opinions.

Honneur, véhicule sacré de nos ayeux ! sexe digne toujours des hommages de nos anciens preux ! et vous aussi trop puissant amour propre ! quelles armes n'offrez-vous pas à celui qui sauroit s'en servir pour faire développer le foyer d'électricité qui est dans le cœur de tout Français, pour la tige de ses Rois ?

O Français ! ô ma patrie ! ô race des Bourbons ! que de justice je puis ici vous rendre ?
Quelle peuple fut jamais plus idolâtre de ses
Rois ? Quelle nation fut toujours plus susceptible de tous les sentimens d'honneur ? Quelle
race sur la terre fut plus digne de gouverner les Français ? Quelle est celle, dans les
annales du monde qui produisit autant de grands
hommes et un aussi grand nombre de bons Rois
Le cœur de Saint Louis n'a-t-il pas passé, de père
en fils, dans celui de tous ses descendans ? Et
qui vous en retrace plus l'image que Louis
XVIII, dont vous avez vu la pureté de l'âme
peinte sur le visage. Il arriva parmi vous avec le
bon cœur de tous ses aïeux ; il se crut au
milieu de ses enfans ; son amour pour vous ne sut
qu'oublier et pardonner.

De nouveaux intriguans, des ambitieux
sans morale, des égoïstes sans sentimens pour
leur maître et leur patrie, ont abusé du foible de
sa tendresse pour vous ; ils nous ont précipité
dans un nouvel abîme, des scélérats espèrent encore nous y plonger. Loyaux Français qu'une
poignée de traîtres a noircis de tous les crimes,
c'est à vous seuls que Louis en appelle. Il est
plus que temps de vous montrer ! Indulgence
encore aux coupables, Louis ne peut se cor-
riger de pardonner : mais qu'ils aillent au moins
se cacher pour jamais loin de la terre qu'ils ont
couverte de remords et de regrets.

Honneur ! toi le constant compagnon des Français, tu es la racine indestructible de son amour pour ses Rois, le plus puissant aimant qui le rattachera sans cesse à la tige de Henri, pendant tout le cours de la révolution tu te réfugias dans le cœur du militaire, il avoit tant mérité de toi, et tu l'as abandonné ! honneur, reviens a son secours et rends-le à son Roi.

Et vous chimériques et perfides constitutionnels, laissez-nous dans les bras du meilleur des pères nous abandonner avec confiance pour fermer les playes de la trop malheureuse révolution dont vous fûtes les premiers auteurs : laissez-nous enfin jouir du bonheur que Louis nous a rendu et que votre ambition déguisée sous le nom du bien public nous avoit ôté.

Sans doute, il n'y a pas un homme susceptible de quelqu'élevation qui ne préférât d'être né sous la constitution anglaise, mais est-elle applicable à la Russie, à l'Allemagne, à la Prusse ? Un gouvernement représentatif avec l'étendue du sol Français, *le caractère français*, une armée de 300,000, une gendarmerie dans la main du souverain, peut-il être autre chose, qu'un centre de corruption un foyer d'intrigue, un prétexte constant à de nouveaux troubles—et sa situation ne seroit-elle pas sans cesse celle de la girouette exposée à tous les vents.

Que doit désirer un peuple ? La tranquillité, le bonheur, la sûreté de sa personne et de ses propriétés, les moyens de développer son génie. Et quelle nation sur la terre étoit plus heureuse que la France en 1789 ? Il y avoit néanmoins des abus, j'en conviens. Mais y en a-t-il moins eu depuis ? Où n'y en a-t-il pas ? Où n'y en aura-t-il pas toujours ? Partons de ce moment— tous les abus qui pouvoient-être pénibles à la nation française sont réformés et ne peuvent renaître : sachons donc nous contenter et jouir ; il en est plus que temps pour notre trop malheureuse génération ! Craignons donc de nous livrer désormais aux chimères qui nous ont perdu. La bonté du Roi, sa clémence, son esprit—voilà la planche qui peut sauver les Français de ce nouveau naufrage, le seul bouclier qui peut garantir l'Europe même, de tous les traits empoisonnés des opinions du jour.

Dans les siècles de la saine philosophie les peuples députoient à un sage pour dissiper leurs erreurs et les accorder entr'eux. A quel sage la nation française peut elle mieux se reposer qu'en Louis XVIII ; lorsque la politique ne le forceroit plus de transiger avec les mouvemens de son âme et la pureté de son cœur.

S'il faut aux hommes de l'admiration pour les émouvoir et les attacher, qui peut mieux leur en inspirer que leur propre Roi, modèle de la bonté et de la vertu. S'il leur faut des exemples de vigueur et de courage pour capter le guerrier, qui a plus de titre à les enflammer que le Prince qui s'est élancé partout où il y a eu un danger à courir, ou de la magnanimité à développer. Lui le digne époux de cette Princesse, descendante de tant de rois—illustre réunion du sang de la maison de Lorraine et des Bourbons—Fille du plus vertueux des monarques; Monarque que la France a immolé. Et c'est elle ! c'est cette Princesse dont l'âme semble être le sanctuaire du courage de ses aïeux et de la bonté du plus saint des martyrs,—c'est cet ange dont la destinée est de devenir le Dieu tutelaire de la France, que les acteurs ensanglantés de l'assassinat et du crime osent espérer d'éloigner du trône pour jamais.

O peuple sensible, généreux et admirateur du courage, la duchesse d'Angoulême dans la tour du Temple, ou parcourant les rangs des phalanges revoltées à Bordeaux, n'a-t-elle pas pour toujours gravé sa cause dans tous les cœurs anglais ? votre Prince modèle de tous les chevaliers, pourroit-il jamais cesser d'être le sien ?

Et vous, Grand Alexandre à qui appartient-il plus qu'à vous de l'admirer, de la protéger, et de la défendre ? vous le libérateur de l'Europe et le héros du siècle!

Illustre chef de la Maison de Lorraine à qui elle rappelle, le courage, l'énergie de Marie-Thérèse, qui plus que vous doit s'enorgueillir du sang dont elle sort et du nom qu'elle porte !

N'a-t-elle pas également de bien puissans titres auprès de vous, magnanime Guillaume, à la mémoire de qui elle retrace tout ce que votre cœur, ainsi que l'univers, a admiré et regretté..?

Sa cause est la vôtre à tous, Princes aussi puissans qu'illustres : l'histoire ne présenta jamais autant de titres réunis pour intéresser les hommes et les Rois. La Fille de Louis XVI et de Marie-Antoinette est l'héroïne du malheur, du courage, et de toutes les vertus.

DE L'IMPRIMERIE DE SCHULZE ET DEAN,
13, POLAND STREET, LONDRES.

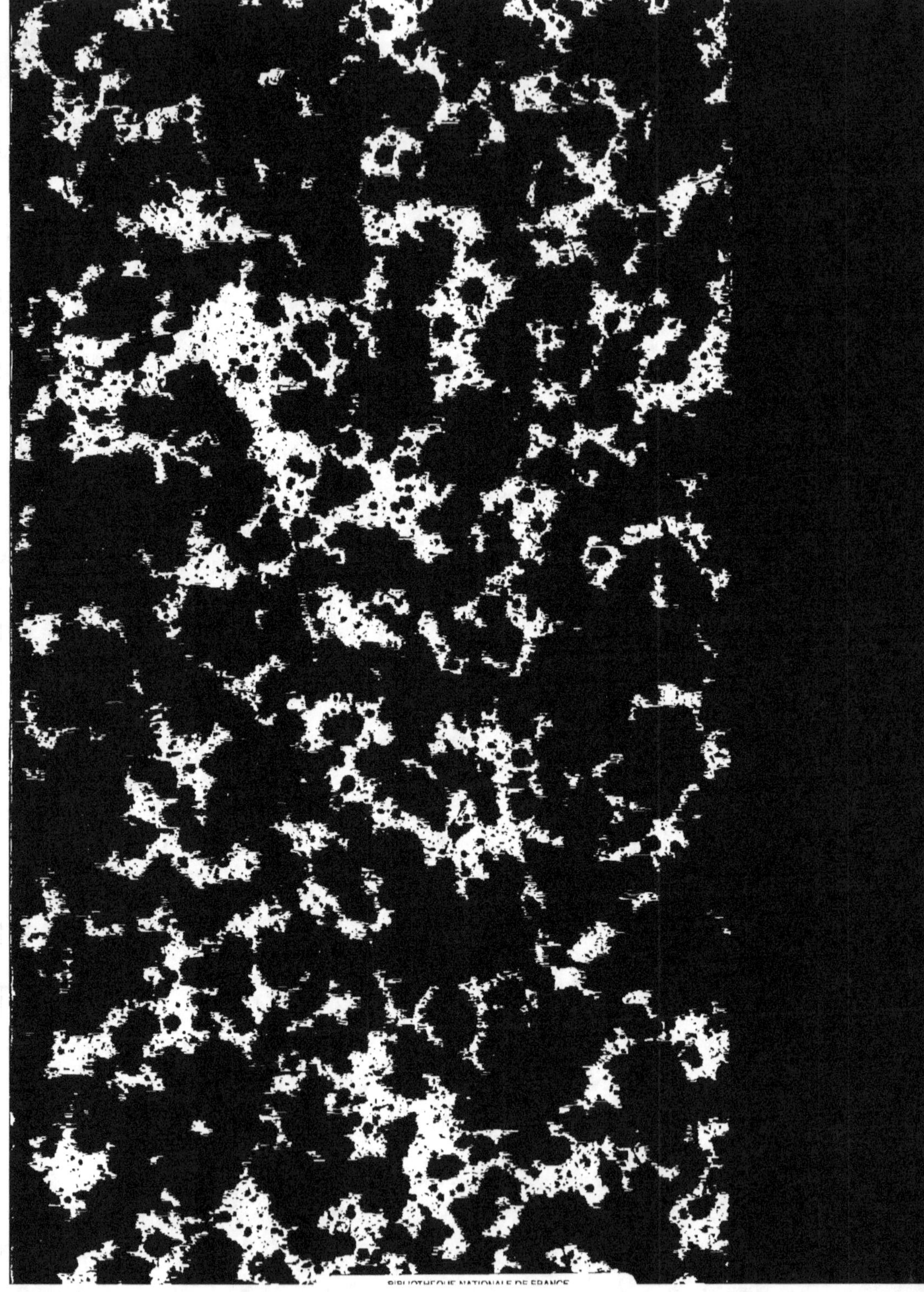